W0264434

Verführung ist die Kunst, einer Frau in die Arme zu sinken, ohne ihr in die Hände zu fallen.

Sacha Guitry

Inhalt

Vorwort von Lodovico Satana

Online-Dating ist das viel gescholtene Stiefkind der Verführungskunst.
Einen Swimmingpool für psychisch verquere Leuchtfische hat man es schon genannt, den programmierten sozialen Tod soll es bringen und bis heute kann nicht ausgeschlossen werden, dass ein oder mehrere Flugzeugentführer des elften Septembers bei einer Online-Partnerbörse registriert waren – Zufall?

Spaß beiseite, an den häufig geäußerten Vorbehalten gegenüber einer internetbasierten Partnersuche ist schon was dran. Doch „Partnersuche" ist bereits das Stichwort. Diese Suche nämlich wird dem Verführer im Internet so leicht wie nirgendwo sonst gemacht. Millionen von Frauen sind allein in Mitteleuropa mit einem Profil bei Online-Communities vertreten. Per Suchmaschine lässt sich das massive Angebot bequem nach individuellen Wünschen vorselektieren. Und der zielgruppenbewusste Leser wird vielleicht überrascht sein, wie viele 1,80 Meter große Frauen mit Putzfimmel und Leseschwäche es allein in seiner Heimatstadt gibt…

Die ganze Frauenwelt, bloß eine Textnachricht weit entfernt – worauf noch warten? Nun, nicht so voreilig! Wer sich bei Online-Partnerbörsen umsieht, muss feststellen, dass sich dort nur die wenigsten Männer Gedanken über ihren Auftritt machen. Welche Frau würde sich auf ein Treffen mit „psychic_hugo_41" freuen, der sein Fotoalbum vorzugsweise mit Aufnahmen seiner Kleeblatt-Herbarien füllt? Beim Flirten übers Netz geht es um die richtige Präsentation! Das „1x1 des Online-Datings" fasst schlüssig und kompakt zusammen, wie man Frauen für den Mann hinter einer Profilseite interessiert.

Eine Verführung, die diese Bezeichnung auch verdient, wird sich niemals zur Gänze im Internet abspielen. Aber mit der Hilfe von Ben kann sie gut und gerne dort beginnen.

Lodovico Satana ist Autor des Bestsellers „**Lob des Sexismus**" und bekundet darin sein umfangreiches Hintergrundwissen zum Thema Flirt & Verführung. Er schreibt: „Es gibt einen fundamentalen Unterschied zwischen Männern und Frauen. Ihn verdrängen, heißt leiden. Ihn spüren, heißt lieben. Ihn verstehen, heißt verführen. Denn nirgendwo fällt dieser Unterschied so schwer ins Gewicht wie dort, wo sich die Geschlechter am nächsten kommen: In der Liebe, in Beziehungen und beim Sex."

Du findest Lodovico Satanas Bestseller

im Online Shop von www.6system.info

Vorwort des Autors

Im deutschsprachigen Internet tummeln sich weit über 3000 Single-Portale, Partnervermittlungen, Seitensprung-Agenturen und Blind Date Veranstalter. Doch auch hier gelten eigene Regeln: Nur wer sich gekonnt präsentiert, wird letzten Endes siegreich sein. Das macht die Sache jedoch nicht einfacher.

Ich zeige dir, wie einfach es laufen kann. Du hältst dieses Buch aus einem bestimmten Grund in Händen. Ich werde dir zeigen, wie du in kürzester Zeit Frauen erfolgreich bequem von daheim und der Arbeit aus kennen lernen wirst, um sie zu treffen und verführen. Du verlangst von mir, dass ich dir den richtigen Weg weise. Erlaube mir im Gegenzug auch etwas von dir zu verlangen – und zwar die **Bereitschaft, Neues auszuprobieren!**
Du musst dich hier und jetzt bereit erklären, dich selbst objektiv und mit einer gewissen Distanz zu betrachten und dich zu fragen: „Ist mein Leben *exakt* so, wie ich es gerne hätte?"

Denn nur Menschen, die mit sich selbst zufrieden und glücklich sind, können auch anderen diese Gefühle schenken. Dein erster Schritt sollte also immer in deine Richtung gehen, bevor du auf andere zugehst. Deshalb empfehle ich dir das erste Buch der Reihe „Das System der Verführung", da wir uns in diesem, neben einigen wichtigen Grundlagen, ausschließlich der Online-Verführung widmen werden.

Du brauchst keine Angst vor dir zu haben! **In dir schlummert ein riesiges Potential**. Es wartet nur darauf, entdeckt, gebündelt und entfesselt zu werden. Aber nur demjenigen, der bereit ist, sich selbst gegenüber ehrlich zu sein, wird eine Änderung von Dauer gelingen. **Ich habe dieses Buch nicht geschrieben, um dir dabei zu helfen, dich selbst zu belügen.** Vielleicht spreche ich ab und zu in einem harten Ton zu dir. Ich will dich damit anspornen. Gibst du öfters Zweifeln nach und begehst womöglich sogar den größten Fehler, nämlich aufzugeben, bevor du überhaupt begonnen hast, dann solltest du besonders gut darauf Acht geben, deine Ziele immer klar vor Augen zu haben.

Wer nie einen Fehler macht,

macht wahrscheinlich sowieso nicht viel.

Denn **es sind unsere Ziele, die uns motivieren**, die uns antreiben, die uns auch dann nicht aufgeben lassen, wenn alle anderen uns einreden wollen, dass wir es sowieso nicht schaffen. Deshalb solltest du dir niemals zum Ziel setzen, an einem ruhigen Abend 200 Massen-E-Mails zu versenden, in der stillen Hoffnung, dass vielleicht die eine oder andere zurückschreibt. Arbeite hingegen an dir selbst und an deinem elektronischen Spiegelbild: deinem Profil, um genau jene Frauen ganz von alleine anzuziehen, die du dir schon immer gewünscht hast.

Kapitel 1
Grundlegendes

Die moderne Gesellschaft

Unsere Gesellschaft ist in einem neuen Zeitalter angekommen. Mit dem Internet stehen uns unglaubliche Möglichkeiten zur Verfügung und die wenigsten wissen, was hinter dem simplen User-Interface ihrer Lieblings-Website steckt. Genauso komplex wie die Programmierung im Hintergrund dieser Webseiten ist auch die unsere, deine eigene Programmierung, das, was uns zum Menschen macht, nicht einfach nur das äußere Erscheinungsbild. Der Quellcode, der unsere Denk- und Verhaltensschemata bestimmt, ist weitaus schwieriger zu dekodieren als der jedes Computerprogramms.

Durch die Verknüpfung dieser beiden Welten, der realen und der virtuellen, entstehen jedoch neue Verknüpfungen in unserem Gehirn, die sich somit auch auf unsere materielle Realität auswirken. Netzwerke, die dich mit Arbeitskollegen, Bekannten oder deinen „Freunden" vernetzen sollen, arbeiten auf zwei Ebenen:

Bei einer Neuanmeldung in einem so genannten „Social Network", also einem sozialen Netzwerk, ist das Erste, was geschieht: Die sozialen Kontakte treten in den Hintergrund. Die ersten Aktionen, die vom neu registrierten Nutzer gesetzt werden, betreffen die reine Selbstdarstellung. Doch im Gegensatz zum eigenen Spiegelbild kann hier Einfluss auf die Darstellungsweise genommen werden – ein zeitlich unveränderliches Abbild des Selbst kann kreiert werden. Und ich spreche hier von kreiert im Sinne von künstlich erschaffen, da im seltensten Fall das Profil eines Nutzers zu einhundert Prozent deckungsgleich mit der Realität ist. Dies macht den allgemeinen Reiz dieser Netzwerke aus: **Jeder darf sich so darstellen, wie er gerne *sein würde*.**

Was wirklich passiert, ist also auf gut Deutsch gesagt: *posen*.

Wer in der Verführung erfolgreich sein will, der muss von Anfang an darauf achten, dass sein Profil möglichst nahe an der Wirklichkeit liegt. Ich bezeichne dies als **Kongruenz**. Ansonsten wird bereits am Telefon, spätestens aber beim Treffen die Erwartungshaltung enttäuscht und das Date ein jähes Ende finden. Du siehst also, dass du auch im Online Dating nicht darum herumkommen wirst, an dir selbst zu arbeiten - es sei denn, dein einziges Ziel ist Cybersex. Wenn dem so ist, dann schick das Buch lieber gleich zurück, denn für dich ist es garantiert nicht geschrieben.

Zielgruppe

Jeder von uns hat seine eigene Zielgruppe. Wichtiger als unsere Zielgruppe ist jedoch die Zielgruppe unserer Zielgruppe. Was ich dir damit versuche zu sagen, ist Folgendes: Dir gefällt ein bestimmter Typ Frau, aber weißt du auch genau, welche Eigenschaften sie ausmachen?

- **Wen will ich?**

  Aussehen

  Alter

  Styling

  Bildung

  Freundeskreis

  Beruf

  Familie

- **Was soll sie mir bieten?**

  Humor

  gepflegtes Auftreten

  ähnliche soziale Werte

  gemeinsame Interessen

Beispiel:

„Ich suche eine 1,70-1,90m große Blondine oder Brünette mit einer charismatischen Ausstrahlung, die es schafft, mich zu begeistern. Sie soll frech, sexy und schlagfertig sein und meine größten Interessen, persönliche Entfaltung, Fitness und die Reiselust teilen."

Nachdem du jetzt weißt, wer deine Zielgruppe ist, musst du dich fragen: **Was erwartet sich meine Traumfrau von mir?** Du musst in Folge des Systems zu dem werden, was deine Zielgruppe von dir erwartet (du erinnerst dich doch noch an Kongruenz? Sie gilt auch hier). Halte dich im Zweifelsfall aber immer zuerst an die Tipps in diesem Buch. Denn **oft wünschen sich Frauen „offiziell" Dinge, die sie gar nicht wirklich wollen** – womöglich wissen sie selbst gar nicht, dass diese ihnen eher Unglück bescheren. Denke nur an die sieben typischen Fehler und die Aussage einer Frau, sie wünsche sich einen Mann, der alles für sie tut. Wenn du alles für eine Frau tust, sinkt dein sozialer Wert und du wirst für die Frau absolut uninteressant. Du tust zwar, was sie von dir erwartet, im selben Moment zerstörst du genau eben dadurch die Beziehung. Hinterfrage also immer, ob die Aussagen tatsächlich ihren emotionalen Wünschen entspringen oder bloß der gesellschaftlichen Programmierung.

Im Online Dating hast du es einfach, Frauen zu finden, die dir gefallen – auf den ersten Blick. Hast du jedoch genaue Kriterien gefunden, schmälert sich die Auswahl gewaltig. Deshalb ist es auch so wichtig, personalisierte Nachrichten zu verschicken. Wie das am besten gemacht wird, erkläre ich dir im nächsten Kapitel.

Kapitel 2
Die online Verführung

6**system** ist eine Abkürzung. Sie steht für: **Effizient Frauen verführen.** Du wirst nur Dinge lernen, die du sofort einsetzen kannst und die dir schon sehr bald zu praktischen Erfolgen verhelfen werden.

Es gibt ein übergeordnetes System,

um Frauen zu verführen.

Auch du hast dein eigenes System. Erinnere dich kurz zurück an all die Erlebnisse, die du bisher mit Frauen hattest. Du wirst, wenn du den Ablauf abstrahierst, Ähnlichkeiten feststellen. Das ist dein System, das für dich mehr oder weniger gut funktioniert. Das 6system hingegen funktioniert für jeden. Es ist wie ein Supermarkt, aus dem du dir alles herauspicken kannst, was du gerne möchtest, um **dein eigenes System zu vervollständigen. Du kannst es aber auch** als Fertiggericht ansehen und **einfach 1:1 übernehmen.** Es steht mit seinen sechs Phasen für den Prozess der perfekten Verführung. Du kannst jede Technik sofort benutzen, aber erst die Erfahrung wird dir zeigen, welche Dinge dir besonders gut liegen. Stimme diese dann später auf deinen Typ ab, probiere aber auf jeden Fall jede Technik mindestens zehnmal aus. Mit der Zeit wird dir womöglich langweilig werden, weil du immer dieselben Dinge tust, die schon ganz von allein zu funktionieren scheinen. Darum geht es in einem System. Willst du etwas ändern, das funktioniert, dann nur, weil du etwas noch Besseres gefunden hast, um das Vorhergehende zu ersetzen. Ich wäre übrigens sehr froh, wenn du mir dies kurz in einer E-Mail mitteilen könntest, denn auch ich befinde mich in einem ständigen Prozess des Lernens. Du erreichst mich jederzeit unter info@6system.info.

Die Grundbegriffe des erfolgreichen Flirts

Das 6system steht für *effiziente* Verführung. **Reize deshalb jede Phase möglichst aus**, es sei denn, du bekommst ein negatives Signal (dann versuche es erst später erneut). Keine Angst! Ein **„Nein“ bedeutet lediglich „noch nicht“**. Natürlich hörst du auf, wenn die Frau wirklich nicht will, du darfst aber nie vergessen, dass vieles ein Spiel ist – ich traue dir das Mindestmaß an Intelligenz zu, diesen Unterschied zu erkennen, sonst würdest du kaum im Stande sein, dieses Buch zu lesen.

Beim Flirten geht es um den Spaß an der Sache – und zwar für alle Beteiligten. **Mein Wunsch ist, dass jeder Mensch das Leben führt, das er sich erträumt** und in dem er sich auch wohl fühlen kann. Denke deshalb immer daran, dass es in erster Linie darum geht, ***gemeinsam* eine gute Zeit zu verbringen!** Wer andere Menschen ausnützen will, der legt sich nur selbst Steine in den Weg. Erfolgreiche Menschen wissen, dass es sehr wichtig ist, zuerst bereit zu sein, das zu geben, was sie selbst wollen, bevor sie es auch empfangen können.

Du musst lernen, auf jede dieser Arten so zu wirken, wie du es von dir erwartest. Doch vergiss nicht: Mit deinem Profil unterstreichst du nur, was dein Ich schon längst über dich sagt. Nicht anders herum!

Die **Grundbegriffe** des erfolgreichen Flirts bestehen aus **drei Kernelementen**. Sie lassen sich aufspalten in **deine innere Einstellung**, insbesondere die, dass du einen hohen Wert hast und sich andere um dich bemühen müssen. Zweitens kommt es auf **dein Auftreten** an. Du solltest Eigenschaften vermitteln, die erfolgreiche Männer ausstrahlen. Der letzte Punkt bezieht sich auf die Art, wie du auf andere Menschen wirkst. Es genügt nicht zu wissen, was du tun musst, sondern auch, wann es passend ist. Dies bezeichne ich als **Kalibrierung** und sie stellt sicher, dass du nur Dinge tust, die auch in der Situation passend sind.

Um mehr über die Grundbegriffe und Techniken zu erfahren, die du im echten Leben, also auf der Straße, im Freundeskreis, bei der Arbeit oder abends im Club anwenden kannst, schlag in meinem Buch „**Das System der Verführung**" nach.

Was besonders beim Online-Flirt wichtig ist:

- **Achte auf deine Rechtschreibung!** 90% aller Online-Flirter legen darauf großen Wert! Macht eine Mail einen schlampigen oder hingeschluderten Eindruck, stehen die Chancen auf eine Antwort schlecht. Daher gilt: alles in Ruhe nochmals durchlesen und Rechtschreibprüfung aktivieren.

- **Schreib nicht in GROSSBUCHSTABEN**

- **Duze sie von Anfang an**

Einstellung

Der erste und wichtigste Punkt ist die Einstellung, mit der du der Welt gegenübertrittst. Und diese sollte folgendermaßen lauten:

> **„Ich habe einen hohen sozialen Wert.**
>
> **Man muss um mich kämpfen!“**

Frauen müssen sich bei dir qualifizieren, auf dies werde ich später noch genauer eingehen. Was bedeutet das kurz umrissen? Stell dir vor, jemand schreibt einer Frau eine Nachricht mit folgendem Inhalt „Hallo! Du siehst toll aus, mir gefallen deine Augen!“

Das einzige, was hier passiert, ist, dass du all die Macht, die du hast, von vornherein herschenkst. Denn du überlässt ihr die Entscheidung, ob sie mit dir in Kontakt treten möchte! Immerhin deutest du sehr genau an, wieso du mit ihr sprechen möchtest. So wirst du eher selten erfolgreich ins Gespräch kommen, und falls schon, dann mit einem schlechten Einstieg. Menschen gehen immer den Weg des geringeren Widerstandes. In diesem Fall ist es für sie viel leichter, nicht mit dir ins Gespräch zu kommen, denn offenbar hast du nichts zu bieten. Um diese Annahme umzudrehen, musst du sie dazu bringen, um dich zu kämpfen. Ich gehe noch weiter, wenn ich dir sage, dass sie letzten Endes *dich* verführt. Und das alles geschieht nur, weil du die richtigen Parameter für eure Unterhaltung und zukünftige Beziehung vorweg absteckst und ihr unterschwellig klarmachst, dass **du derjenige bist, der *sie* aussucht** - und nicht umgekehrt, wie sie es vielleicht sonst gewohnt ist. Das tust du am besten, indem du folgenden Nachsatz **beim Ansprechen** anfügst: „Hallo! Dein Profil gefällt mir - **erzähl mal etwas Spannendes von dir!**"

Nun steht sie unter Zugzwang. Du erwartest von ihr mehr, als die anderen Kerle. Was soll sie dir sagen, wie lautet die richtige Antwort, um dir zu gefallen? Wenn ihr nichts einfällt, besteht die Gefahr, dass du kein Interesse mehr an ihr hast. Beim Online Dating hast du den Vorteil, dass die meisten Menschen dort sind, um sich zu profilieren. Dies kannst du perfekt für deine Zwecke nutzen - mehr dazu später.

Du bist jemand, der sich seine Gesellschaft aussuchen kann – und genau das tust du gerade. Es ist es meistens wert, mit so jemandem Zeit zu verbringen, denn in seiner Welt fühlst du dich wohl. Das ist Abenteuer, das macht Spaß. Und genau darum geht es auch. Deshalb wird sie versuchen, dir zu gefallen – sie qualifiziert sich!

Sie erobert dich -

Du bist ihr Gewinn!

Alpha-Merkmale

Der nächste wichtige Punkt ist das richtige Auftreten, du kennst es schon vom **Alpha**-Männchen. Das bedeutet für dich zu lernen, wie man Menschen, insbesondere Frauen, richtig führt. Um als Alpha wahrgenommen zu werden, musst du bestimmte Dinge ausstrahlen. Selbstbewusstsein zeigt sich durch eine ruhige, entspannte Körperhaltung. Ebenso durch langsame Bewegungen und durchdachte, nicht überzogene Gestik. Der aufrechte Gang und ein energischer Schritt untersteichen den nonverbalen Eindruck des Führers. Wieso? **Äußere Ruhe zeugt von innerer Ruhe.** Und Alpha-Männchen behalten nun einmal einen kühlen Kopf, wenn andere in Panik ausbrechen. Dies hat auch den Hintergrund, dass sich Frauen bei dir sicher fühlen werden.

Wie aber zeigst du diese Alpha-Merkmale online? Einerseits wirst du sie unterschwellig in deinem Profil einbauen, so dass sie „zwischen den Zeilen" zu lesen sind. Andererseits wirst du in den E-Mails und am Telefon zeigen, dass du sie verkörperst.

Viele dieser Punkte haben ihren Ursprung jedoch in deiner geistigen Einstellung, was bedeutet, dass du deinem Ich selbst beibringen musst, dass du ein erfolgreicher Mensch bist, den genau diese Dinge, die oben genannt sind, auch prägen. Es nützt dir nichts, dir selbst und anderen etwas vorzuspielen. So etwas wird schnell durchschaut und steht dir bloß im Weg.

Kalibrierung und Kongruenz

Der letzten und womöglich wichtigsten Grundbegriffe sind **Kalibrierung** und **Kongruenz** in deinem Handeln. Das steht dafür, dass du immer das tust, was gerade passend ist und nichts Unpassendes. Für dich bedeutet das Folgendes: halte dich an das System der sechs Phasen und reize jede Phase aus, um zu sehen, ob du in die nächste übergehen kannst. Ist es der Frau noch nicht recht, wirst du dies zuerst an der Art ihrer Antworten oder später verbal und nonverbal beim Treffen bemerken. Hab keine Angst davor, wenn es nicht von Beginn an klappt. **Erst mit der Übung wirst du sehen, dass sie dir schon Signale schickt**, die andeuten, dass sie noch nicht genug Interesse an dir hat, um dich zu treffen. Je besser du wirst, desto eher wirst du unangenehme Situationen umschiffen können. Dennoch lass mich dich daran erinnern, dass wir alle Menschen sind. Und als solche ist es unser Schicksal, dass wir nur aus unseren Fehlern lernen! Sei genau aus diesem Grund froh, wenn du einen Fehler begehst, denn von da an weißt du, dass du wieder etwas Wichtiges gelernt hast. **Ohne Fehler kein Fortschritt!**

> Thomas Edison benötigte über 1.000 Versuche, bis er endlich eine funktionierende Glühbirne hergestellt hatte. Als er gefragt wurde, wieso er nicht bereits viel früher aufgegeben hatte, antwortete er: „Wieso hätte ich aufgeben sollen? Ich kenne jetzt 1.000 Wege, wie man eine Glühbirne nicht bauen kann!“

Ein kleiner Tipp vorweg: Die Telefonnummer solltest du so früh wie möglich holen, denn es ist dein erklärtes Ziel, **die Frau** auch **im echten Leben zu treffen**. Um dies zu tun, ist ein **vorausgehender telefonischer Kontakt unerlässlich.**

Dein eigentliches Ziel sollte die Verführung sein, aber ein paar oberflächliche Nachrichten ohne emotionalen Hintergrund sind einfach nichts wert. Die Verbindung zwischen euch ist nicht stark genug, um bei ihr das Verlangen zu erzeugen, dich treffen zu wollen. Schickst du täglich zig E-Mails mit demselben Inhalt aus, spüren die Frauen natürlich, dass du das mit jeder tust (was dann auch der Wahrheit entspricht) und du legst dir nur selbst Steine in den Weg.

Phase 1: Vorbereitung

Bevor du beginnst, das 6system anzuwenden, solltest du dir einen ersten Überblick über den **Aufbau des 6system - online** verschaffen:

- Vorbereitung
- Erstkontakt (1 Nachricht oder Aktion)
- Gespräch initiieren (1-2 Nachrichten)
- Verbindung schaffen (2-3 Nachrichten)
- Verbindung verstärken (Telefon)
- Treffen

Dies ermöglicht, die passende Logistik vorausgesetzt, eine **Verführung in** weniger als **einer Stunde.**

Selbstverständlich sind auch die besten Verführer nicht perfekt. Jeder Mensch hat sein eigenes System, das für ihn funktioniert. Es liegt also an dir, herauszufinden, was von dem 6system speziell für dich sehr gute Ergebnisse liefert.

Hältst du dich jedoch genau an die Anweisungen, die ich dir gebe, kann es nur funktionieren! Es ist dann nur noch eine Frage deiner Motivation und der Zeit, die du in deine persönliche Fortbildung bereit bist zu investieren. Ich lege es dir sehr ans Herz, denn **es wird dir nicht nur in Bezug auf Frauen weiterhelfen!** Du lernst hier ***soziale Kompetenz***, und selbst unser veraltetes Schulsystem hat bereits erkannt, wie wichtig diese ist und hat begonnen, sie bereits in den unteren Schulstufen zu lehren! Dies sollte dir zusätzlichen Ansporn verleihen, **nicht locker zu lassen, bis du die Ziele, die du dir gesetzt hast, auch wirklich erreicht hast.**

Viel Erfolg!

Die Portale

Social Networks revolutionieren unsere Welt. Bevor du aber einsteigst, solltest du zuerst deine Zielgruppe festgelegt haben. Denn je nach Alter und Interesse wirst du andere Netzwerke wählen, um die Frau deiner Träume zu finden. Hier findest du eine Übersicht über die wichtigsten deutschsprachigen Portale.

Kostenlose Netzwerke bieten dir meiner Meinung nach die besten Möglichkeiten. Hier kannst du subtil und angenehm den Erstkontakt herstellen und erst im Verlauf des Gesprächs in Richtung Flirt umschwenken. Dennoch ist es für den noch ungeübten Online Flirter zu Beginn vielleicht einfacher, den Kontext von Anfang an auf das Kennen zugeschnitten zu haben. Hier bieten sich einige kostenpflichtige Anbieter an, die sich auf Kontaktanzeigen im Internet spezialisiert haben. Als kleiner Test sicher eine mögliche Alternative, der wahre Online Flirter hält sich jedoch dort auf, wo seine Zielgruppe zu finden ist – und die ist meist nicht verzweifelt auf der Suche, da sie ein erfülltes Leben hat – so wie du. Deshalb solltest du deinen Fokus so früh wie möglich auf kostenlose Portale lenken.

Detaillierte Vergleiche über die diversen Singlebörsen findest du unter anderem auf

www.singleboersen-vergleich.de

Social Networks

StudiVZ

Mitglieder	9 Millionen
Zielgruppe	Studenten
Geschlecht	45% männlich / 55% weiblich
Altersstruktur	Durchschnitt Männer: 24 Jahre Durchschnitt Frauen: 23 Jahre
Herkunft	weltweit

MySpace

Mitglieder	180 Millionen
Zielgruppe	Musiker, Fans, Selbstdarsteller
Altersstruktur	85% über 18 Jahre alt
Herkunft	weltweit

Facebook

Mitglieder	73 Millionen
Zielgruppe	Studenten & Business
Geschlecht	50% männlich / 50% weiblich
Altersstruktur	80% unter 35 Jahre alt
Herkunft	weltweit

Xing

Mitglieder	5 Millionen
Zielgruppe	Business
Geschlecht	50% männlich / 50% weiblich
Altersstruktur	50% über 30 Jahre alt
Herkunft	weltweit
Kosten optional	1 Monat: 5,95 €

Singlebörsen

Friendscout24.de

Mitglieder	8 Millionen
Fake-Check	redaktionelle Prüfung von Fotos, automatische Prüfung von Texten
Geschlecht	57% männlich / 43% weiblich
Altersstruktur	Durchschnitt Männer: 34 Jahre Durchschnitt Frauen: 34 Jahre
Herkunft	Deutschland: 5 Millionen Schweiz: 300.000 Österreich: 200.000
Kosten optional	1 Monat: 29,95 €

Match.com

Mitglieder	1,8 Millionen
Fake-Check	redaktionelle Prüfung von Fotos und Texten
Geschlecht	66% männlich / 34% weiblich
Altersstruktur	Durchschnitt Männer: 34 Jahre Durchschnitt Frauen: 33 Jahre
Herkunft	Deutschland: 1,6 Millionen Schweiz: 130.000 Österreich: 80.000
Kosten optional	1 Monat: 25 €

Datingcafé

Mitglieder	1 Million – nur Deutschland
Fake-Check	Echtheitsbestätigung
Geschlecht	48% männlich / 52% weiblich
Altersstruktur	Durchschnitt Männer: 34 Jahre Durchschnitt Frauen: 33 Jahre
Kosten optional	1 Monat: 25 €

Neu.de / Meetic.com

Mitglieder	5 Millionen
Fake-Check	redaktionelle Prüfung von Fotos und Texten
Geschlecht	62% männlich / 38% weiblich
Altersstruktur	Durchschnitt Männer: 34 Jahre Durchschnitt Frauen: 34 Jahre
Herkunft	Deutschland: 3 Millionen 40% aus EU und Lateinamerika

Ilove.de

Mitglieder	6 Millionen
Fake-Check	redaktionelle Prüfung von Fotos, automatische Prüfung von Texten
Geschlecht	65% männlich / 35% weiblich
Altersstruktur	Durchschnitt Männer: 28 Jahre Durchschnitt Frauen: 27 Jahre
Herkunft	Deutschland. 5 Millionen Österreich: 100.000 Schweiz: 100.000

Love.at

Mitglieder	600.000 – nur Österreich
Geschlecht	60% männlich / 40% weiblich
Altersstruktur	Durchschnitt Männer: 34 Jahre Durchschnitt Frauen: 33 Jahre

Partnerwinner.ch

Mitglieder	40.000 – nur Schweiz
Geschlecht	51% männlich / 49% weiblich
Altersstruktur	Durchschnitt Männer: 37 Jahre Durchschnitt Frauen: 38 Jahre

Dein Profil: Name

Du hast dich nun für ein Portal entschieden. Als Nächstes folgt die Registrierung und mit ihr der Name, den du wählst. Dieser ist sehr wichtig, immerhin ist er der erste Eindruck, den du bei der Frau hinterlässt. Auch wenn viele behaupten, dass sie weniger auf den Namen achten, wirken unbewusst verschiedene Mechanismen, die darüber entscheiden, ob eine Frau überhaupt auf dein Profil klickt. **Wichtig bei der Namenswahl ist, dass du vom ersten Augenblick an positive Assoziationen bei ihr weckst.** Bereits hier kannst du dich von der Masse abheben. Oft gebrauchen Männer Namen, die sehr technisch klingen, wie zum Beispiel "Speaker", "Biogene" oder Allerweltsnamen wie, "Tobi76", "Richard_M". Manchmal findest du auch Namen, die die Stadt beinhalten oder absolut grässlich sind, wie etwa „Pathologe" oder „Langzeit-Loser". Die Liste ließe sich noch endlos fortsetzen. Vermeide solche Namen, sie sind weder sehr kreativ, noch vermitteln sie ein positives Gefühl. Namen, die das Wort "Freund" beinhalten solltest du ebenfalls vermeiden. Besser geeignet sind Nicknamen, die Abenteuer, Romantik und Lebenslust vermitteln. **Namen, die an Abenteuer, Glück und Romantik erinnern sind eine gute Wahl. Ebenfalls gut geeignet sind Namen, die humorvoll klingen.** Doch Vorsicht, hier besteht immer die Gefahr, ins Lächerliche abzurutschen.

Achte bei deiner Namenswahl auch wieder darauf, welchen Typ Frau du ansprechen willst, und wähle ihn entsprechend der Zielgruppe aus.

Dein Profil: Fotos

Das Allerwichtigste an deinem Profil sind jedoch die Fotos, mit denen du dich nach außen hin präsentierst. Zwar wird später deine Gesprächsführung viel wichtiger sein als die ein bis drei Bilder von dir, jedoch entscheidet dein Profilfoto maßgeblich, ob die Frau mit dir in Kontakt tritt oder nicht.

Ein gutes Profilfoto zeigt dich

- entspannt
- selbstbewusst
- lächelnd
- sympathisch
- nicht gestellt
- nicht selbst fotografiert

Am besten testest du auf verschiedenen Singlebörsen mehrere Fotos mit gleichem und wenig Profiltext, ob dir Frauen auf Massen-E-Mails zurückschreiben. In diesem speziellen Fall darfst du viele Nachrichten verschicken, um zu testen, welches Foto am besten bei deiner Zielgruppe ankommt. Viele soziale Netzwerke bieten darüber hinaus die Möglichkeit, ein oder mehrere Fotoalben zu erstellen. Dort solltest du ebenso nur gute Fotos von dir einstellen, die dich nicht bei diversen sozial nicht anerkannten Tätigkeiten zeigen. Beispiele hierfür wären: Wettsaufen, Poser-Fotos, kindische Tätigkeiten usw. Alles, was deinen sozialen Wert senken könnte, sollte vermieden werden.

Achte auf eine positive Ausstrahlung!

Bei manchen Websites ist es möglich, dich auf Fotos zu verlinken. Diese verlinkten Fotos werden bevorzugt angesehen, um Zeit zu sparen und eine diversifizierte Auswahl vor Augen zu haben. Achte deshalb darauf, dass du nur auf Fotos verlinkt wirst, die auch den oben genannten Kriterien entsprechen.

Besonders wichtig ist bei dem **Foto** jedoch, dass es dich in deinem **aktuellen Alter** und physischen Zustand zeigt! Schämst du dich für kleinere Gewichtsprobleme etc., dann kannst du natürlich nur dein Gesicht online stellen, ich empfehle dir aber zu dir und deinem Äußeren zu stehen! So lange du interessant bist, ist es nicht wichtig, ob du ein paar Kilo mehr oder weniger auf die Waage bringst.

Dein Profil: Beschreibung

Frauen sind emotionale Wesen. Das ist der Grund, wieso in der Verführung immer nur positive Emotionen angesprochen werden sollten. Alles, was zwischen euch geschieht, wird automatisch auf dich umgelegt („geankert", ein Begriff aus dem NLP).

Technische Details wie Alter, Körpergröße, Gewicht und so weiter sind nicht so wichtig, ebenso wenig wie eine reine Aufzählung von Hobbys. **Die Frau will nicht wissen, *was* du tust, sondern *wie du dich dabei fühlst*!** Dennoch solltest du mit diesen Angaben ehrlich sein. Es hat keinen Sinn, falsche Erwartungen zu wecken. Fasse dich ansonsten ebenfalls eher kurz, um nicht durch die horrende Textflut jede Interessierte im Vorhinein zu verscheuchen. Du führst ein abwechslungsreiches Leben und verbringst nicht vierundzwanzig Stunden vor dem PC! Kannst du eine **Profilüberschrift** wählen, sollte sie gewisse Reizworte (Keywords) enthalten, die auf positive Emotionen anspielen, wie zum Beispiel: „Ich bin ein heißer Ritt durch die Wüste und ein erfrischender Tauchgang im Meer. Ich liebe mein Leben!"

Hier werden unterschwellig bereits mehrere Botschaften vermittelt: der heiße Ritt für Sex, der erfrischende Tauchgang für Entspannung und Abenteuer. Der Nachsatz zeugt von deiner Zufriedenheit mit dir selbst und deinem Umfeld, er spricht für Spaß und Glück. Wenn du noch den Satz „Kannst du mit mir mithalten?" anhängst, baust du bereits eine Technik ein, die wir später im Kapitel „Sozialen Wert steigern“ kennen lernen werden.

Ein gängiges Profil wird durch mehrere Felder charakterisiert. Bei Singlebörsen finden sich meist folgende oder ähnliche Begriffe, die du zwingend oder optional zu ergänzen hast:

So stelle ich mir meinen Partner vor	Trage hier die Kerneigenschaften deiner Zielgruppe ein. Nutze hauptsächlich Adjektive, wie zum Beispiel: frech, sexy, spontan, lebenslustig und kreativ.
Lieblingsmusik:	Gib nicht zu viel an. Besser einzelne Interpreten als die Musikrichtung selbst.
Lieblingsfilm	Arbeite mit Emotionen! Zum Beispiel schreibst du nicht die Filmtitel, sondern deine Eindrücke auf: „Feurige Explosion links, herzhaftes Gelächter rechts. Dazwischen etwas Tiefgang für die grauen Zellen.“
Lieblingsautor	Lesen bildet! Du musst nicht jeden Titel angeben, es reicht zu zeigen, dass du viele Bücher konsumierst.

Dort trifft man mich meistens	Erinnere dich: keine langweiligen Aufzählungen! „Zu Hause, in der Arbeit und bei Freunden“ ist auf jeden Fall tabu. Besser wäre: „Wo ich bin, ist automatisch Action“
Liebstes Reiseziel	Hier kannst du ruhig etwas länger schreiben. Urlaub ist das perfekte Flirtthema, nutze es, um eine kleine Anekdote in möglichst blumiger Sprache zu erzählen.
Mein Lebensmotto	Es sollte dich indirekt beschreiben und zeigen, dass du ein einfühlsamer, zielstrebiger und gefestigter Charakter bist. Erinnere dich an die Alpha-Merkmale!
Arbeit	Bevor du zuviel über dich preisgibst, gib besser die Branche an. Achte auf eine positive Selbstdarstellung. Arbeitest du als Briefträger, kannst du „Logistikexperte“ angeben. Ein Buchhalter ist in der „Kreativbranche“ tätig.

Dein Profil: Sonstiges

Bei manchen sozialen Netzwerken hast du die Option, **Gruppen** oder Gemeinschaften beizutreten. Diese geben weitere, wichtige Einsichten in deine Persönlichkeit. Wähle sie also mit Bedacht. Sie sollten nur das widerspiegeln, was du auch darstellen möchtest. Gruppen sind ideal, um etwas Abwechslung und Witz in dein Profil zu bringen.

Beispiele für witzige Gruppen mit Aussage sind:

- Als die Bescheidenheit ausgeteilt wurde, war ich nicht anwesend!
- Ich bin kein Klugscheißer, ich weiß es wirklich besser!
- Internationale Vereinigung der Porno-Sonnenbrillenträger
- Mein Wecker übertreibt.
- Niveau sieht nur von unten aus wie Arroganz!
- Wer schneller fährt schadet kürzer der Umwelt
- Du hast alle Gruppen gelesen...gibs zu, du stehst auf mich!

Funktionen wie **Tage- oder Gästebücher solltest du überhaupt nicht nutzen**. Du bist hier, um Frauen kennen zu lernen! Hast du erhöhten Mitteilungsbedarf, dann bitte in einem separaten Profil.

Phase 2: Gespräch initiieren

Diese Phase ist äußerst wichtig, da sie den Einstieg ins Gespräch begründet, vergiss aber nicht, dass der einzige Grund des ersten Satzes jener ist, ins Gespräch zu kommen.

Das bedeutet: **Wähle einen ersten Satz, der garantiert funktioniert**. Dadurch stellst du sicher, dass du ihre Aufmerksamkeit fesselst, und schaffst eine gute Basis für die Überleitung in ein vorbereitetes Thema oder eine Beobachtung, die sich gerade zur Diskussion anbietet. Für deine ersten Versuche solltest du dich auf erprobte Konzepte verlassen, bis du sicher genug im Auftreten bist, um auch aus dem Stegreif eigene Sprüche zu kreieren. Vergiss aber nicht, dass der beste Anmachspruch zugleich auch der einfachste von allen ist: „Hallo!"
Alles andere ist bereits Teil der nächsten Phase und fällt unter den Begriff „Gespräch halten". Ist es dir gelungen, sie erfolgreich in ein Gespräch zu verwickeln, solltest du Hauptaugenmerk darauf legen, dass du Themen wählst, die sie persönlich interessieren könnten. Achte dabei darauf, wie sie reagiert, zum Beispiel wie sie auf deine Fragen eingeht oder ob sie viele Smileys oder Emoticons benutzt, um dir ihre Stimmung zu zeigen.

Suchfunktion

Wenn es etwas gibt, das gegen die Verführung in der realen Welt und für das Flirten online spricht, dann ist es der Komfort einer Suchfunktion. Mit einigen wenigen Klicks findest du eine Auswahl genau jener Frauen, die deinen Kriterien (angeblich) entsprechen. Ich sage angeblich, denn auch Frauen wollen sich bestmöglich präsentieren und werden mitunter nicht die ganze Wahrheit angeben. Dennoch ist eine detaillierte Suchfunktion ein ausgezeichneter Start. Sollte es in deinem sozialen Netzwerk keine Suchfunktion geben, die deinem Ziel, der Verführung, dienlich ist, so orientiere dich an Details wie „Familienstand“ oder **„Beziehungsstatus“**. Hast du einmal eine Frau gefunden, die dir gut gefällt, dann findest du über sie höchstwahrscheinlich Freundinnen in ihrem sozialen Umfeld, die dich ebenso interessieren könnten. Frauen, die nicht Single oder in offenen Beziehungen sind, solltest du nicht anschreiben, um dir Zeit und unnötig Energie zu sparen – es sei denn, es ist offensichtlich, dass sie diese Angabe nicht ernst meint.

Kannst du nach genaueren Kriterien suchen, dann orientiere dich zuerst nach der **Region**. Sie sollte in deinem näheren Umfeld leben, denn weite Reisen zahlen sich im Normalfall nicht aus. Sollte sie dir dann auch noch gefallen, stehst du vor dem nächsten Dilemma: Wie oft in der Woche fahre ich zu ihr? Dies verursacht nur Umstände und nimmt dir die Zeit für wichtigere Dinge.

Wähle das **Alter** lieber großzügig, auf die paar Jahre mehr oder weniger kommt es nicht an.

Generell zählt: Je genauer du suchst, desto weniger Profile werden angezeigt. Lass also etwas Spielraum in deinen Angaben, um es nicht zu übertreiben. Wird dir die **Auswahl mit Profilfotos** angezeigt, dann entscheide je nach Anzahl.

- **Viele Profile:** Hier zählen die Fotos. Alle, die dir auf den ersten Blick nicht zusagen, fallen weg.

- **Wenige Profile:** Qualität vor Quantität! Sieh dir die Profile genauer an und analysiere die Beschreibungen.

Hast du die Option, **nur Profile mit Fotos anzeigen** zu lassen, so wähle sie. Du kannst dir selbst gegenüber ruhig ehrlich sein: Aussehen zählt doch. Und Mutti muss es ja nicht erfahren.

Ist es dir darüber hinaus ebenso möglich, die **Profile zu sortieren**, dann reihe sie nach **Aktualität**. Gerade bei Singlebörsen sind manche nur aus einer Laune heraus angemeldet und wenig bis gar nicht mehr aktiv dabei. Beginne bei einer großen Auswahl also mit jenen Profilen, die kürzlich erstellt oder aktualisiert wurden.

Vorselektieren

Du hast bereits viel früher mit dem Selektionsprozess begonnen, als du vielleicht denkst. Dieser beginnt nämlich nicht mit der Suche, sondern schon bei deinem eigenen Profil! Pflege es deshalb und achte darauf, dass es auch wirklich zu deiner Zielgruppe passt. Hast du mehrere Zielgruppen, dann erstelle mehrere Profile! Ein Nachteil der sozialen Netzwerke ist nun einmal, dass du dich nicht in voller Komplexität darstellen kannst. Um mehrere Facetten von dir zu zeigen, nutze also die Möglichkeit, verschiedene Versionen deiner Persönlichkeit online zu haben. Ich garantiere nicht für entstehende psychische Störungen. In Wirklichkeit ist es aber völlig egal, was in deinem Profil steht, so lange sie nur zurückschreibt beziehungsweise dich anschreibt. Denn sobald du einmal ihr Interesse hast, tritt das Profil in den Hintergrund (bis auf das Foto, mit dem sie nun alle Emotionen verknüpfen wird).

Aktiv vorselektieren kannst du Frauen erst nach der Suche, wenn du ihre Profile liest. Achte dabei auf dieselben Dinge, die dir bei der Erstellung deines eigenen durch den Kopf gegangen sind. Sie will sich möglichst gut präsentieren – tut sie das in deinen Augen? Wenn nicht, woran könnte das liegen? Wie möchte sie auf andere wirken? Deckt sich das mit deinen Wertvorstellungen?

Mit etwas Übung werden dir immer mehr Details auffallen, die sehr viel über die Person aussagen. Verpasse nicht die Chance, dieses Wissen auch in dein eigenes Profil einfließen zu lassen!

Timing

Eine der am häufigsten vernachlässigte Komponente beim Online-Dating ist die **Zeit**. Die Möglichkeit, jederzeit den anderen anzuschreiben, suggeriert eine positive Chance, die so nicht zwingend gegeben ist. Wer um drei Uhr morgens noch E-Mails schreibt, der sollte mit keiner Antwort rechnen. Er fällt damit einfach aus den Kriterien der meisten Frauen, die sich einen verantwortungsbewussten Mann erwarten, zu dem das Bild nicht passt, dass er spät nachts offensichtlich alleine daheim vor dem PC sitzt. Am Wochenende noch viel schlimmer, da er anscheinend keine Freunde hat, mit denen er eine gute Zeit verbringt!

Ebenso solltest du **darauf achten, wie lange *ihr* Profil schon online ist und wie stark es frequentiert ist**. Auf größeren Singlebörsen sind neue Profile schnell veraltet – oft schon nach drei Tagen, da es genug neue gibt und nur diese ganz oben angezeigt werden. Willst du also nicht in der Masse untergehen, **warte, bis der erste große Ansturm abgeflaut** ist. Du kannst dir auch gerne **Notizen zu ihrem Profil** machen, wann du es gefunden hast und was dir daran aufgefallen ist. Oft ist es so, dass viele Frauen ihre Beziehungswünsche wie One Night Stand oder sexuelle Vorlieben nach kurzer Zeit wieder rausnehmen, weil das einfach zu viel Aufmerksamkeit auf sie zieht und mitunter unerwünschte Interessenten anzieht. Und schon schaut nach ein paar Tagen ihr Profil so brav aus, dass du sie gar nicht anschreiben würdest, wenn du es nicht besser wüsstest.

Die **besten Chancen** hast du ebenso, **wenn sie gerade online ist**, während du deine erste Nachricht verschickst. Damit hast du eine erhöhte Aufmerksamkeit und sie ist gerade **in der richtigen Stimmung**. Um deine Möglichkeiten auszuweiten, ist die beste **Zeit** also jene, in der am **meisten User online** sind. Auf den größeren Plattformen sind sie das zumeist zur Wochenmitte hin am späteren Nachmittag und frühen Abend. Die Wochenkurve beginnt am Montag eher mittel bis niedrig, steigt dann bis Donnerstag stark an und flacht am Wochenende wieder ab. Die Tageskurve ist morgens extrem flach, vormittags bis 14:00 auf mittlerem Niveau und steigt dann auf das höchste Niveau zwischen 17:00 und 20:30. Nachts ist ebenso keine schlechte Zeit, obwohl nicht viele online sind, aber wenn man in einem regen Nachrichtenaustausch hängen bleibt, wird es zu dieser Zeit am intensivsten und du kannst noch am selben Tag ein Telefongespräch führen und das Treffen für das kommende Wochenende vereinbaren.

Wichtig zu beachten ist auch der **Rhythmus der Nachrichtenabfolge**. Ihr solltet mindestens einmal in Kontakt sein, besser öfter. Längere Zyklen funktionieren nur dann, wenn wirklich viel Interesse da ist. Gegen Ende des Nachrichtenverkehrs, hin zum Telefonat bis kurz vor dem Treffen wird es dann meist noch sehr viel intensiver. Sollte sich ein Rhythmus bereits etabliert haben, so zerstören längere Pausen die Verbindung und sie wird enttäuscht den Rückzug antreten.

Zugriffszeiten
01:00
02:00
03:00
04:00
05:00
06:00
07:00
08:00
09:00
10:00
11:00
12:00
13:00
14:00
15:00
16:00
17:00
18:00
19:00
20:00
21:00
22:00
23:00
00:00

Der Erstkontakt

Während du also dabei bist, ihr Profil zu lesen, solltest du gleich darauf Acht geben, welche Möglichkeiten sich dir bieten, um sie anzuschreiben. Bei **sozialen Netzwerken**, die nicht explizit als Dating-Plattform gedacht sind, empfiehlt es sich, zuerst eine Aktion wie „Gruscheln" oder „Anstupsen" zu nutzen, um sie auf dich aufmerksam zu machen. Danach entscheidet ausschließlich dein Profil, ob sie sich bei dir meldet. Dies tut sie entweder, indem sie dich ebenfalls „gruschelt" oder „anstupst", deine Seite ansieht oder dir gleich eine Nachricht schreibt. Diese lautet im Regelfall entweder „Kennen wir uns?" oder „Hallo!", gefolgt vom Versuch, ein Gespräch zu starten. Tritt bei dir vermehrt der letzte Fall auf, hast du ein ausgezeichnetes Profil. Falls nicht, ist das auch kein Problem, du wirst daran weiter arbeiten. Wichtig ist, dass sie sich dein Profil angesehen hat oder mit dir in Kontakt tritt. Du kannst nun bei Phase 3 weitermachen. Befindest du dich in einer **Singlebörse**, die für das Flirten konzipiert wurde, dann solltest du ihr eine Nachricht schicken – und zwar eine persönliche. Du wirst niemals Gästebucheinträge verfassen! Dies hat zweierlei Gründe: Erstens ist so nicht ersichtlich, mit wie vielen Frauen du gleichzeitig schreibst und zweitens bist du damit auf einer persönlicheren Ebene als nur „einer unter vielen". Was du ihr nun schreibst, hängt einzig und allein von ihrem Profil ab! Du solltest dich auf etwas Persönliches beziehen und ihr eine Frage stellen, die sie dazu bringt, sich zu rechtfertigen – auf eine positive, humorvolle Art und Weise. Fragen wie: „Dein Foto ist Scheiße, wieso gibst du keines rein, auf dem du gut aussiehst?" sind natürlich absolut tabu. Wichtig ist, dass sie sich bei dir **qualifiziert**, dass sie um dich kämpfen muss!

Beispiele für solche Sprüche:

- Hallo! Dein Profil gefällt mir! Erzähl mal, wieso dir __________ so viel Spaß macht!
- Hey! Du hast eine positive Ausstrahlung auf dem Foto - steckt da mehr dahinter?
- Grüß dich! Ich musste gerade lachen, als ich dein Profil gesehen habe. Schaust du immer so verkatert drein? ;-)
- Hey du! Wollte mal dezent Interesse deponieren - du bist ja auch keine brave, gell? ;-)

Um ihr jedoch nicht gleich zu Beginn all deine Macht zu überlassen, wäre es klüger, sie zuerst noch im Unklaren zu lassen, ob du nun mit ihr flirten willst oder dich einfach gerne mit fremden Menschen unterhältst. **Je lockerer deine Nachrichten, desto natürlicher wirkt es, dass du einfach so mit ihr schreibst.** Sie wird es als alltäglich empfinden, wenn du es ebenso als völlig normal siehst. Wenn sich das Gespräch gut entwickelt, kannst du bewusst immer mehr in Richtung offensichtlicher Flirt gehen. Sehr leicht kommst du mit **Fragen** ins Gespräch. Menschen nehmen sich selbst oft sehr ernst, und da tut es enorm gut, wenn sich jemand für die eigene Meinung interessiert. Stelle deshalb unbedingt eine Frage in deiner ersten Nachricht – aber nicht mehr, das wirkt höchstens anhänglich.

Der beste Weg, die Frau anzuschreiben, ist, dich auf ein oder zwei Passagen in ihrem Profiltext zu beziehen und sie zum Qualifizieren zu bringen oder sie zu necken. Auf diese Art und Weise kannst du die Frauen provozieren und herausfordern. Hier einige Beispiele für kurze Anmerkungen zu ihrem Profil:

Reisen	Ich komm grad aus Barcelona zurück - wo war dein letzter, richtig perfekter Urlaub?
Fortgehen & Tanzen	Wow, das Wochenende war wieder Wahnsinn! Hast du auch die Stadt unsicher gemacht?
Shoppen	Du bist aber nicht so eine, die mit der Kreditkarte von ihrem Daddy rumläuft und alles, was funkelt, sofort einpackt, oder? ;-)
Lesen	Du liest gerne? Hoffe nicht nur Bilderbücher ;-)
Musik	„Musik" ist ein Hobby? ;-)
Radfahren	Letztes Wochenende Mountainbiken war der Hammer! Du fährst aber schon ohne Stützräder, oder? ;-)

Ebenso kannst du dich auf Details in ihrem Foto beziehen.

Das ist aber ein süüüßes Foto. Ist bestimmt noch aus deiner Schulzeit, oder? ;-)
Ich hoffe du schwitzt nicht immer so viel wie auf dem Foto, oder? ;-)
Ich hoffe du schaust nicht immer so böse wie auf dem Foto, oder? ;-)

Phase 3: Verbindung schaffen

Um sie näher kennen zu lernen, musst du bereits in den ersten ein bis zwei Nachrichten mindestens ein Thema finden, das auch für sie interessant ist. Achte deshalb unbedingt darauf, was sie dir bereits zu Beginn für Hinweise in Bezug darauf liefert. Auch ihr Styling und die Fotos sagen viel über sie aus, am meisten erfährst du aber aus ihrer Reaktion auf dein Verhalten. Wenn sie schnell antwortet, dann bleibe an dem jetzigen Thema dran und frage nach, ob sie beispielsweise persönlich etwas Ähnliches erlebt hat und wie das denn genau war. Wer sich vergleicht, der findet auch **Gemeinsamkeiten**! Diese solltest du **positiv hervorheben** und darauf das Thema lenken.

Noch ein letzter Punkt: Das Kapitel heißt „Verbindung *schaffen*", viele Menschen wissen aber noch nicht einmal bewusst, was es überhaupt bedeutet, ein Gespräch zu *führen*!

Lass uns kurz rekapitulieren: **Wir bringen die Frau dazu, uns zu verführen. Das tun wir, indem wir sie in die Position bringen, sich zu qualifizieren, um ihren sozialen Wert an den unseren anzugleichen.** *Du* bist es aber, der bestimmt, ob sie deinen Ansprüchen genügt oder nicht! An dir liegt es also auch, das Gespräch zu führen. Und das tust du, indem du Fragen stellst. Und zwar nicht im Sinne eines kriminalpolizeilichen Verhöres oder indem du mit zähem Small Talk durchkaust, woher sie kommt, was sie tut, wie alt sie ist, ob sie eine Katze hat, wann sie ihre Blumen gießt…

Auf die richtigen Fragen kommt es an!

Im Idealfall erzählt sie dir ihre ganze Lebensgeschichte (die mitunter sogar sehr spannend sein kann) und du hakst an den Passagen nach, die ihr offensichtlich am meisten Spaß machen. Die besten Gespräche, die Frauen je mit dir führen werden, sind jene, in denen du kaum etwas sagen wirst!

Weiters solltest du kontinuierlich an deiner Art zu kommunizieren arbeiten.

- Behalte deine Einstellung bei: Sie muss sich qualifizieren!
- Du willst eine emotionale Bindung schaffen
- Suche nach persönlichen Werten
- Sei witzig, spannend, spontan und etwas sarkastisch
- Zeige auf, dass ihr ähnliche Werte habt
- Ziehe sie in deine Welt hinein

Gesprächsthemen

Dennoch bieten sich im Vorfeld schon einige Themen an, zu denen eigentlich jeder Mensch eine Meinung hat und die jeder nachempfinden kann.

Als Oberkategorien orientieren wir uns jetzt an den Emotionen, die wir bei ihr wecken wollen. Aus der Kommunikationswissenschaft wissen wir, dass eine Nachricht durch den **Inhalt nur zu 7%** ausgemacht wird, **dafür aber über 70% nonverbal** durch Körpersprache vermittelt wird. Da du aber online flirtest, begrenzen sich ihre Sinneskanäle auf den rein visuellen Bereich, da sie nur lesen wird. Du kannst jedoch Gefühlte in ihr wecken, indem du gewisse Themen ansprichst oder versuchst, mehrere Kanäle anzusprechen, indem du eine blumige Sprache verwendest. Besonders nett ist es auch, ausgewählte Musiklieder zu empfehlen, die gewisse Stimmungen erzeugen, während sie sich deinen Text durchliest.

Positive Emotionen werden durch verschiedene Themen geweckt, und je mehr sie sich damit identifizieren kann, desto intensiver wird das Gefühl. Du solltest also sehr viel Aufmerksamkeit darauf verwenden, gleich zu Beginn die richtigen Themen anzusprechen.

Oft schreiben Frauen mit 08/15 Sprüchen zurück wie beispielsweise: „Erzähl mir doch was über dich!" **Darauf antwortest du** am besten mit:

> „Hey, so allgemein... Womit soll ich denn anfangen? Ich verspreche sogar auf alles wahrheitsgetreu zu antworten! Obwohl, da fällt mir noch etwas Besseres ein. Wir spie-

len eine Online-Version von "Pflicht oder Wahrheit"? Regel Nr. 1: Man muss die Wahrheit sagen. Regel Nr. 2: Man darf nicht die gleiche Frage zurückstellen. Bist du dabei? Du hast die erste Frage frei, ich bin ja ein Gentleman!“

Damit kommst du garantiert auf einige der spannendsten Unterhaltungsthemen:

- Musik
- Urlaub und Reisen
- Lieblingstätigkeiten
- Familie
- Style, Kleidung, Accessoires
- Wohnungseinrichtung
- Kochrezepte
- Umgebung / andere Menschen
- Vorbereitete Geschichten
- „Gossip“ / Star News

Themen, die es zu **vermeiden** gilt:

- Religion
- Politik
- Krieg
- Negative Erfahrungen

Gemeinsamkeiten aufzeigen

Du hast in den ersten Nachrichten erfolgreich ein Thema gefunden, das sie sehr interessiert. Sie erzählt dir wahrscheinlich gerade aufgeregt über ein Erlebnis, zum Beispiel ihren letzten, richtig perfekten Urlaub. Gratuliere, du weckst gerade eben die genau richtigen Emotionen in ihr! Lies aufmerksam mit und hake bei ein oder zwei Stellen, die ihr besonders am Herzen liegen, nach. Du tust dies aus einem speziellen Grund: einerseits weil es dich brennend interessiert (und sie dadurch noch intensiver die positive Emotion verspürt) und andererseits, um an eben dieser Erfahrung, die ihr so viel bedeutet, eine Gemeinsamkeit aufzuzeigen.

Indem du diese **Gemeinsamkeit mit Bedacht wählst**, verdeutlichst du nicht nur die Einstellung, dass sie sich bei dir qualifizieren muss, da du sehr selektiv die Gesprächsthemen aufgreifst, du kannst auch über diese **Emotion, die euch ab jetzt verbinden wird**, eine sehr **positive Nähe zum anderen schaffen**.

Du kannst aber auch sehr leicht Gemeinsamkeiten aufzeigen, wo auf den ersten Blick gar keine sind. Nehmen wir als Beispiel ihr absolutes Lieblingshobby: den Reitsport. Sie vergöttert Pferde über alles und verbringt jede freie Minute draußen. Du kannst dich aber überhaupt nicht mit diesem Getier anfreunden und befürchtest, dass das eure Verbindung zerstören könnte. Es kommt aber nicht auf den Inhalt an, sondern die Emotion! Denk daran, wenn dir so etwas passiert, und rufe dir ins Gedächtnis, was ich dir jetzt erklären werde.

Sie liebt also den Reitsport. Dann hake hier nach und leite das Gespräch auf eine emotionalere Ebene: Wie fühlt sie sich, wenn sie auf ihrem Pferd sitzt? Allein durch den Wald reitet, angenehm kühle Luft auf der Haut spürt und diese rhythmischen, entspannenden Bewegungen fühlt? Sie wird dir nun ihre positiven Emotionen beschreiben, warte ab, bis sie es dir so genau beschrieben hat, dass sie gerade in Gedanken mitten im Geschehen ist und setze dann die Verbindung. Du könntest zum Beispiel sagen:

> „**Ich weiß *ganz genau*, wie du dich fühlst**. Reiten war ich zwar noch nicht, aber ich gehe öfters joggen, wenn ich viel Stress im Büro habe. Dann brauche ich das einfach als Ausgleich. Ich packe meine Sachen zusammen und fahre etwas raus in die Natur, wo die Luft ein bisschen kühler ist als in der Stadt und keine Leute in der Nähe sind. Dann fange ich einfach an geradeaus zu laufen und schaue, wohin mich der Weg führt. **Dabei kann ich endlich einmal abschalten und alles um mich herum einfach vergessen. Du bist einfach du selbst, fühlst dich wie du dich fühlst und siehst, was du siehst. Ein Zustand absoluter Entspannung und Zufriedenheit. Ich liebe das, und ich weiß, dir geht es ganz genau so, wenn du reiten bist.**“

Ist das nicht eine *fantastische* Verbindung?

Wir bewegen uns hier aber bereits im Bereich der Suggestion, denn wenn du bei ihr wärest, würdest du feststellen können, wie sich ihre gesamte Körperhaltung merklich entspannt, wenn du ihr obige Geschichte erzählst. Indem du ihr beschreibst, wie du dich fühlst, beginnt sie sich ebenso zu fühlen – und zwar jedes Mal, wenn sie den Text liest! Nutze diese Möglichkeit, um die Verbindung zwischen euch zu verstärken.

I. Frage sie, was sie am allerliebsten tut
II. Frage nach, wie sie sich dabei fühlt
III. Lass sie die positiven Emotionen genau beschreiben
IV. Schaffe jetzt eine Verbindung über einen Vergleich
V. Verstärke die Verbindung, indem du ihre Wortwahl benutzt

Ebenso **einfach ist es natürlich, sie dazu zu bringen, deinen Werten zuzustimmen**. Das Beste daran: Sie qualifiziert sich automatisch dabei! Indem sie die Gemeinsamkeiten „von alleine“ entdeckt, wirken sie umso stärker.

Wir stimmen dem anderen nur zu,
wenn wir eine Gemeinsamkeit
zwischen ihm und uns empfinden.

Jean de la Bruyère

Sozialer Wert

Der soziale Wert, den du dein Eigen nennst, wird durch das Bild bestimmt, das du selbst von dir hast. Bist du oft unsicher und meinst, du könntest Fehlschläge erleiden? Dann ist dein sozialer Wert vermutlich nicht sehr hoch. Leider ist er stark geprägt durch Kindheit, Freundeskreis, Beruf und Familie, wo du bestimmte Rollen eingenommen hast und aus denen du nur sehr schwer entfliehen kannst. Hast du es aber satt, immer unterschätzt zu werden, dann musst du etwas ändern! Du weißt bereits, dass es ganz in deinen Händen liegt, wer du bist und nicht von dem, was andere über dich denken!

Um einen **hohen sozialen Wert** zu haben, musst du gewisse **Merkmale** ausstrahlen. Ein hoher Wert geht darüber aber hinaus. Überlege dir in Hinblick auf deine Zielgruppe, welche Werte diesen Frauen wichtig sind. Was für einen Mann wünschen sie sich? Es gibt einige generelle Attribute, die die meisten Frauen zu schätzen wissen. Hier kannst du ruhigen Gewissens beginnen.

- Humorvoll
- Schutz bieten
- Großer Freundeskreis
- Führen können
- Ehrlich sein
- Für seine Meinung und Taten einstehen

- Emotionale Stärke
- Optimist
- Spontan und abenteuerlustig
- Ein interessanter Mensch sein

Beim letzten Punkt wirst du vielleicht lachen. Ein interessanter Mensch sollst du also sein. Was soll das denn bitte heißen? Es bedeutet ganz einfach: Wenn du ein Langweiler bist, dann beginne endlich, Dinge zu tun, die du schon immer tun wolltest, aber mit irgendwelchen Ausreden nie getan hast. Natürlich wirst du auch **Fotos deiner Aktivitäten online stellen.** Hier eine sehr, sehr kleine Auswahl der Dinge, die ich tun möchte (und mitunter bereits begonnen habe zu erlernen):

- Tauchreise ans Rote Meer
- Fallschirmspringen im Sonnenuntergang
- Eine Weltreise machen
- Eine Woche in der Wildnis überleben
- Salsa tanzen
- Wasserski fahren
- Surfen auf Biarriz
- Hamlet im Original lesen
- Zwei Monate USA auf einer Chopper

Sozialen Wert steigern

Um deinen sozialen Wert zu erhöhen, gibt es mehrere Möglichkeiten. Die beste Lösung ist natürlich, den hohen Wert von Anfang an einfach **auszustrahlen**. Bis du das erreicht hast, wirst du dich aber einiger Methoden bedienen müssen, um erfolgreich zu sein. Wir unterscheiden hier zwei Wege, um einen hohen Wert zu vermitteln:

I. Necken

II. Qualifizieren

Beim Necken geht die Aktion von dir aus, beim Qualifizieren von der Frau. Dies ist insofern wichtig zu bedenken, da es ja auch in gewisser Weise um ein Machtspiel geht, und wer das Gespräch führt und damit mehr Macht hat, besitzt auch den höheren Wert. Da natürlich du den hohen Wert hast, musst du es ihr nun subtil klar machen, dass sie womöglich nicht mit dir mithalten kann. Dieses Spannungsverhältnis, diese Lücke, bedeutet für sie Aufholbedarf – sie muss um dich kämpfen, dein Wert steigt und du wirst von ihr erobert.
Natürlich ist dies nicht mit Statussymbolen und dem „Aufs Auge drücken" zu verwechseln. Gehst du zu einer Frau und sagst „Hey Baby, ich fahre Porsche – bin ich nicht der Beste?", dann wird das mit ziemlicher Sicherheit nichts werden. Lernt ihr euch aber einfach so kennen und sie kommt mit dir mit nach Hause, dort steht dann eben dein Porsche – dann ist das eine subtile Wertsteigerung. Mir geht es jetzt aber nicht darum, jedem erfolglosen Mann zu emp-

fehlen, einen Porsche oder sonst einen Luxuswagen anzuschaffen (das versuchen dir die Hersteller bereits einzureden). Für die Techniken, die ich dir beibringe, brauchst du weder Geld noch viel Hirn, es erfordert nur ein klein wenig Übung, um es auch kongruent rüberzubringen.
Was bedeutet **necken** nun? Hierbei bleibt dein sozialer Wert gleich, während du ihren Wert zuerst durch ein Kompliment hebst, aber sobald sie sich freut, sie ein klein wenig zurückstößt und ihren Wert wieder senkst – damit zeigst du ihr, dass du nicht so einfach zu haben bist. Beachte bitte, dass wir uns hier in einer spannenden, oberflächlichen Unterhaltung befinden, genauer gesagt den ersten fünf bis zehn Minuten. Die Art, wie du mit ihr umgehst, ist spielerisch und humorvoll. Du bist selbstsicher und sie soll sich nie ganz sicher sein, ob du alles ernst meinst, was du sagst – wichtig ist aber, dass ihr über Dinge sprecht, die sie interessieren. Nun kannst du sie necken:

Du: „Hey, wie groß bist du eigentlich?"
Sie: „Ich bin 1,75!"
Du: „Gut – ich mag große Frauen."
Jetzt hältst du kurz inne…
Du: „Moment mal, die Schuhe haben aber 20cm Absätze, oder?"
Jetzt wird sie beginnen sich zu rechtfertigen (qualifizieren) – dadurch versucht sie ihren Wert an den deinen anzugleichen!

Necken:

Du: „Hey, du hast schöne Fotos!“
Sie: „Danke!“
Du: „Die sind aber nachbearbeitet, oder? ;-)“

Du: „Du hast aber interessante Hobbys!“
Sie: „Danke!“
Du: „Gibt’s die auch für Erwachsene? ;-)“

Kürzere Versionen:

- „Ist der Besoffene auf dem Foto dein Ex?“
- „Du hast da auf dem Foto was zwischen den Haaren! Sind das Schuppen?“
- „Schwitzt du immer so viel wie auf dem Foto?“
- „Du hast tolle Zähne! Sind die aufgehellt?“

Beachte bitte, dass, wie gesagt dein Wert gleich bleibt, ihrer aber von dir nach unten gedrückt wird. Dies erzeugt mitunter ein negatives Gefühl und ist nicht zu empfehlen! Schränke dich also in deinen Neckereien ein, auch wenn es, ich weiß schon, verdammt lustig ist. Beim **Qualifizieren** hingegen bleibt ihr Wert gleich, du demonstrierst aber einen höheren Wert – nun hat sie erneut Aufholbedarf, fühlt sich dabei aber nicht schlecht, sondern im Gegenteil gut, denn sobald sie dir etwas erzählt, dem du zustimmst, hat sie ihr Ziel erreicht und es geschafft, dir zu gefallen. Und für dich ist es auch spannender, da du ja nicht nur mit Menschen zu tun haben willst, die weniger zu bieten haben als du selbst, nicht wahr?

Qualifizieren:

Du: „Ich mag große Frauen! Wie groß bist du eigentlich?"

Du: „Ich liebe Menschen, die gerne reisen. Ich könnte mir nie vorstellen, nicht mindestens zwei Wochen im Jahr zu verreisen! Du bist aber kein Stubenhocker, oder?"

Du: „Ich schreibe nur Frauen, die mehr zu bieten haben als ihr gutes Aussehen. Schönheit ist heutzutage etwas sehr Gewöhnliches geworden. Was hast du zu bieten?"

Du kannst auf diese Art immer mehr Werte einbauen, die dir wichtig sind. Am besten schreibst du jetzt gleich deine **eigene Liste an Wert erhöhenden Fragestellungen**, die sich auf deine Zielgruppe beziehen. Erinnere dich daran zurück, was dir besonders wichtig an Frauen ist. Diese Punkte schreibst du nun wie in den Beispielen oben um und setzt an das Ende des Satzes ein „und wie steht es mit dir?"

Beispiel für deine Zielgruppe:
Ich will abenteuerlustige Frauen.

Beispiel für die Aussage beim Qualifizieren:
Du: „Weißt du, ich verstehe mich mit abenteuerlustigen Menschen einfach besser. Mit ihnen verbindet mich viel mehr als mit irgendwelchen Langweilern. Du bist aber keine Couch-Potato, oder?“

Sie soll sich ständig fragen:

„Bin ich gut genug für ihn?“

Phase 4: Verbindung verstärken

Diese Phase stellt den Knackpunkt im Gesprächsverlauf dar. Sie verbindet den Small Talk mit den persönlichen, emotionalen Themen und leitet in den Rapport über. Rapport ist das gegenseitige Verständnis und Vertrauen, das sich Menschen entgegenbringen, die eine tiefe Bindung zueinander empfinden, sei dies nun rein geistiger oder auch körperlicher Natur. Du musst deshalb stets darauf achten, nicht in die „Lass uns einfach Freunde sein" Schiene abzurutschen, sondern besonders wenn du den Rahmen bis jetzt eher indirekt gehalten hast und sie noch nicht explizit weiß, dass du auch sexuelles Interesse an ihr hegst, dann solltest du ihr verbal oder später beim Treffen nonverbal möglichst bald klar machen, dass sich diese Unterhaltung zu mehr als nur einer netten Bekanntschaft zwischendurch entwickeln wird.

Du tust dies, indem du zuerst ihre positiven, persönlichen Werte suchst, selektierst und dann über eben diese eine tiefe Verbindung zu ihr herstellst – auf emotionaler Ebene! Je länger du mit ihr kommunizierst, desto tiefer wird eure Bindung, da sie ja auch Zeit und Energie investiert hat.

Persönliche Themen

Um eine stärkere Bindung zwischen euch herzustellen, ist es natürlich empfehlenswert, Themen zu wählen, die für dein Gegenüber von Bedeutung sind. Damit wird nicht nur das Gespräch für sie interessanter, sondern solange sie über positive Erfahrungen erzählt, verbindet sie dieses angenehme Gefühl automatisch mit dir. **Je persönlicher das Gespräch wird, desto vertrauter fühlt sie sich auch später in deiner Gegenwart**.

Achte deshalb aufmerksam auf ihre Geschichten, um sie später beim Treffen ansprechen zu können. **Such nach den zu Grunde liegenden Emotionen in ihrer Geschichte**. So wie du selbst in deinen Geschichten möglichst viele Werte portieren willst, die ihr wichtig sind, so portiert auch ihre Geschichte besondere Werte. Wenn diese emotional sind, dann gehe ruhig weiter darauf ein. Ein weiterer wichtiger Ansatz unterstützt deine Einstellung, dass sie sich qualifizieren muss.

Hake deshalb auch bei persönlichen Themen weiter nach, wenn sie einen Punkt streift, der dir selbst am Herzen liegt. Du willst schließlich herausfinden, ob sie der Mensch ist, mit dem du dir mehr vorstellen könntest. Das darf sie ruhig merken!

Beispiele für persönliche Themen:

- Kindheit
- Frühere Beziehungen
- Emotionale Erlebnisse
- **möglichst positiv!**

Checkliste für persönliche Themen:

- Womit verbindet sie persönlich einen **emotionalen Wert**?
- Baue **Vertrauen** auf
- Geh auf ihre Geschichte ein
- Du willst wissen, wer sie ist - sie muss sich **qualifizieren**!

Emotionale Themen

Ich spreche oft von persönlichen, emotionalen Themen. Vielleicht fragst du dich, was genau ich damit meine. An sich besteht die Hürde hierbei darin, möglichst bald die emotionalen Werte eines Menschen zu erkennen und darauf aufbauend **positive Emotionen** zu erzeugen, indem du mit ihr darüber sprichst. Du solltest also tunlichst vermeiden, den Tod ihrer Großmutter anzusprechen. Es würde zwar mit ziemlicher Sicherheit hoch emotional werden, das ist aber nicht die Art Emotion, die du wecken solltest.

Wenn du mit ihr Gemeinsamkeiten findest, entsteht diese typische Verbundenheit, die den Nährboden für alle spannenden Beziehungen und Affären bildet. Da diese Themen **sehr individueller Natur** sind, solltest du zu Beginn ähnlich den Wahrsagern von allgemein gültigen Werten auf ihre individuellen schließen. Besonders gut eignet sich hierfür auch die Frage nach ihrer **Lieblingstätigkeit**. Sobald sie dir schreibt, was sie am allerliebsten tut, frage nach, wie sie sich dabei fühlt. Diese Emotion kannst du sie nun visualisieren lassen, indem sie möglichst bildlich beschreiben soll, wie sie sich selbst dabei beobachtet und was sie empfindet.

Du kannst aber auch sehr gezielt nach bestimmten, auch vorbereiteten Themen suchen. Zum Beispiel kannst du eine sehr starke Emotion wieder aufleben lassen und dann auf dich beziehen. Eine besonders gute Einleitung wäre hier folgende Frage: **„Was war dein Gefühl bei deiner ersten Liebe?“**

Positive, persönliche Emotion:

- Sicherheit
- Respekt
- Familie
- Erfüllung
- Nähe
- Entspannung
- Anerkennung
- Hoffnung
- Liebe

Du kannst dir von ihr ebenso eine **Anleitung geben lassen, wie du sie zu verführen hast**. Das ist viel einfacher, als du vielleicht denkst! Sobald ihr euch schon etwas länger unterhalten habt, kannst du ihr, je nachdem was du anstrebst, folgende Fragen stellen:

1) Hattest du schon One-Night-Stands?
2) Wie kam es dazu?

Gerade bei Singlebörsen werden unter der Kategorie „Ich suche nach..," oft One-Night-Stand, Affäre oder Sex-Beziehung angegeben. Darauf kannst du direkt eingehen (aber nicht als Erstkontakt, erst im Verlauf des Gesprächs).

Und wenn sie dir antwortet, dann lies einfach ab, wie sie dir beschreibt, was du zu tun hast, um eben diesen Effekt, zum Beispiel einen One-Night-Stand, zu erreichen – dazu kommt noch der positive Nebeneffekt, dass du sie in die gute Laune von damals zurückversetzt. Pass jedoch auf, wenn du auf das Thema **Beziehungen** zu sprechen kommst. Dieses würde ich **generell vermeiden**, da du dir damit bloß selbst Steine in den Weg legst. Entweder hat sie einen Freund, den sie bis jetzt auf magische Art und Weise vergessen hat zu erwähnen (dann ist es meiner Meinung nach nicht dein Problem), oder du versetzt sie in ihre letzte Beziehung zurück, die anscheinend nicht so gut gelaufen ist – sonst wäre sie ja wieder in Situation eins. Wie es also auch kommen sollte, das Thema Beziehungen würde ich generell weglassen und falls sie darauf zu sprechen kommt, kannst du es einfach ignorieren oder kontern mit:

> „Moment, von deinen Problemen kannst du mir später erzählen… aber noch kennen wir uns nicht so gut!"

Dann kannst du ganz normal weitermachen und ignorierst das Thema.

<u>Andere Beispiele für Anleitungen:</u>

- Wie sieht dein perfektes Blind Date aus?
- Wie würdest du deinen Traummann beim ersten Treffen ansprechen?
- Wie kam es zu deiner letzten Beziehung?

Feelings are like chemicals, the more you analyze them the worse they smell.

Charles Kingsley

Gemeinsame Zukunft schaffen

Um besonders in dieser Phase die Verbindung zwischen euch weiter zu verstärken, empfiehlt es sich, in ihrem Weltbild fest zu verankern, dass die Beziehung zu dir von Dauer sein wird. Dies erfordert ein gewisses Maß an Vertrauen zu dir und ihr müsst bereits über sehr Persönliches, wie zum Beispiel ihre Familie, sprechen. Nun kannst du beginnen, dich einzubauen. Beginne deine Sätze hier mit Einleitungen wie:

- „Stell dir vor,…“
- „Was wäre, wenn…“
- „Kannst du dir ausmalen,…“

Um dich in ihre Zukunft einzubauen, kannst du dich direkt auf sie beziehen oder auf Menschen in ihrem Umfeld. Besonders gut eignen sich dafür enge Freunde oder ihre Familie. Das führt dich zu Aussagen, wie zum Beispiel:

> Wow, stell dir nur einmal deinen Bruder gemeinsam mit mir vor! Ich wette, wir würden gar nicht mehr aufhören können, über die beste Position des Mittelfeldspielers zu philosophieren! Wir würden uns bestimmt prächtig unterhalten – kannst du dir ausmalen, wie schwierig es dir fallen würde, mich aus dem Gespräch herauszureißen? Das wäre ein Spaß!

Natürlich ist auch hier die richtige Kalibrierung Voraussetzung für deinen Erfolg, übertreibe es also nicht mit allzu malerischen Zukunftsphantasien.

Zeitbrücke

Wenn du jemanden kennen lernst, dann verbringt ihr logischerweise gemeinsam Zeit. Bis es soweit ist, musst du sie jedoch erst zu einem Treffen bewegen. Die Frage ist bloß:

Wann?

Wobei?

Wo?

Es steht quasi in den Sternen, ob ihr euch seht, der Zeitpunkt und die Art des Treffens sind ungewiss. Um dieser Unsicherheit vorzubeugen, kannst du bereits in den ersten E-Mails **das Treffen festsetzen**. Hierbei geht es weniger um den Termin als vielmehr die **Tätigkeit**, bei der ihr euch seht. Du legst damit eine **Brücke über die Zeit**, bis du sie siehst – die Zeit dazwischen ist unwichtig.

Darum achtest du zu Beginn nicht nur auf ihre persönlichen Werte und Themen, sondern denkst auch gleich an die Zeitbrücke und weißt, dass du später darauf zurückgreifen kannst:

- Sie mag Kunst? Da gibt es doch diese neue Ausstellung, zu der du nächste Woche sowieso gehen wolltest! Wie wäre es, wenn sie mitkommt?
- Sie macht gerne Sport? Du wolltest Ende der Woche Inline-Skaten!
- Sie mag Filme? DVD-Abend mit deinen Freunden (die nach einer Stunde gehen…)!

So kannst du perfekt Dates vorbereiten. Es geht hierbei wirklich nur darum, eine gemeinsame Tätigkeit zu finden, bei der ihr euch möglichst bald sehen werdet. Achte deshalb genau auf das, was sie sagt – im Grunde liefert sie dir immer die richtigen Themen und Gründe, mit ihr auszugehen und damit auch die Anleitung, wie du sie verführst! Nütze das!

Chatten und Instant Messenger

Oftmals schlagen Frauen mit diversen Argumenten vor, anstelle der E-Mails oder Nachrichten doch in einen Chat zu wechseln.

Ich rate dir gänzlich davon ab!

Es gibt viel zu viele **Störfaktoren**, die eure Interaktion unterbrechen oder negativ beeinflussen könnten. Ebenso habt ihr weniger Zeit euch zu überlegen, was ihr schreibt, und der Fokus wandert von den Inhalten hin zu oberflächlichen Details. Für emotionale Werte bedarf es nun einmal ausführlicherer Texte, und ein Instant Messenger oder Chat Programm ist dafür schlichtweg nicht konzipiert.

Bei jenen Singlebörsen, die den Onlinestatus anzeigen, kannst du ihn wahrscheinlich auch abschalten. Tu das besser, um nicht den Eindruck zu erwecken, dass du den ganzen Tag vor dem PC sitzt. Dies ist einer der Gründe, wieso du gänzlich von den Instant Messenger Programmen absehen solltest.

Bevor du über ICQ, MSN, Skype oder sonstige Instant Messenger kommunizierst, wechsle direkt zum Telefon. Wie du das am besten tust, ist im nächsten Kapitel erläutert.

Online flirten, sich mit Männern
und Frauen austauschen und auf
diesem Weg Romanzen anbahnen,
ist in Deutschland längst Alltag.

Men's Health

Phase 5: Telefon

Langsam wird es ernst. Du solltest dich spätestens jetzt mit ihr auf einer persönlichen Ebene befinden und bereits die Zeitbrücke gelegt haben. Je länger du dich mit ihr in dieser Phase über emotionale, persönliche Themen unterhalten wirst, desto mehr sollte sie sich dir öffnen und desto eher wird sie bereit sein, mit dir zu telefonieren. Um ihre Nummer zu bekommen, schreib ihr:

„Ich möchte jetzt deine Stimme hören.

Lass uns telefonieren.

Gib mir deine Nummer und ich ruf dich an."

Du kannst auch hinzufügen, dass es für dich eigenartig ist, sich so kennen zu lernen und du deshalb ihre Stimme hören willst – immerhin habt ihr beide nichts zu verlieren! Sei am Telefon verständnisvoll und nimm es ihr nicht übel, wenn sie sich noch dagegen wehrt, ihre Gefühle zuzulassen. Als Gentleman ist es deine Pflicht, das zu akzeptieren. Ich sage jetzt zwar nicht, dass du sofort das Gespräch beenden sollst, wenn es nicht ganz so läuft, wie du es dir vorstellst – dann wirst du nämlich kaum längere Gespräche führen – aber wenn es dir wirklich zu weit geht, dann bleib höflich und sprich es ruhig an. Wahrscheinlich ist es ihr sogar bewusst und sie qualifiziert sich nur noch mehr, um dir zu gefallen. Frauen mögen Männer, die sie „verstehen".

Eure Zeit begrenzen

Sollte das Gespräch einschlafen und dir das Material ausgehen, dann kannst du immer noch einer Abfuhr zuvorkommen und deinen hohen sozialen Wert behalten, indem du mit einem Vorwand **vorzeitig aus dem Gespräch aussteigst**. Am Telefon kannst du beispielsweise einwenden, dass du schon zu spät zu deinen Freunden kommst oder mitten in der Arbeit steckst und eigentlich weitermachen solltest. Du kannst aber anmerken, dass ihr euch ja etwas später wieder zusammenrufen könnt. Stell es dir als **dramaturgischen Spannungsbogen** vor. Indem du ihr die Bereitschaft zeigst zu gehen, vermittelst du hohen Wert und Unabhängigkeit. Andere Männer würden einfach nur in der Leitung bleiben und mitunter gar nichts mehr sagen. Irgendwann wird sie sich dann von allein abwenden und dich schlichtweg abwürgen. Das gilt es tunlichst zu vermeiden, denn du bist ein Mann, der sich seine Gesellschaft selbst aussucht – und nicht anders herum!

Du kannst es auch so interpretieren, dass du ihr das Geschenk deiner Anwesenheit wegnimmst, damit sie inzwischen realisieren kann:

Mit dir macht es

viel mehr Spaß

als ohne dich!

Eine weitere Möglichkeit, diese Technik einzusetzen, bietet sich noch **bevor du das Gespräch am Telefon eröffnest**:

Du sagst zum Beispiel direkt am Beginn:

> „Hallo! Ich muss in fünf Minuten leider schon weiter, aber bis dahin kannst du mir ja etwas Spannendes von dir erzählen! Was gibt es denn?"

Damit gibst du ihr einen klaren Rahmen vor. Indem du ihr bereits im Vorhinein signalisierst, dass du viel beschäftigt bist und dir dennoch Zeit für sie nimmst, hebst du auch ihre Stimmung und sie wird sich besser auf dich einlassen können.

Sollte das erste Telefonat nur mäßig laufen, ist das Treffen so gut wie gestorben. Behalte also den genauen Ablauf im Hinterkopf und halte dich an die drei Grundbegriffe des erfolgreichen Flirts!

Gespräche am Telefon

Eine Unterhaltung am Telefon verläuft wie eine Unterhaltung von Angesicht zu Angesicht. Sei ruhig und entspannt und versuche nicht bloß, nur so zu wirken. Konzentriere dich eher auf die Übermittlung deiner Botschaft als auf den Inhalt:

- Tonalität
- Stimmhöhe
- Entspannte Körperhaltung
- Atmen aus dem Bauch
- Sprich langsam und mit
- angenehmer Stimme

Wenn du „spürst", in welcher Körperhaltung sich dein Gegenüber befindet, (stehend, sitzend, gehend), passe dich an. Scheue dich nicht davor, nachzufragen!

Der Ablauf

Sei dir im Klaren darüber, was du beabsichtigst, bevor du anrufst. Du willst sie treffen? Wo? Wann? Halte immer einen Alternativtermin bereit. Baue eine **emotionale Bindung zu euren letzten Nachrichten** auf, erinnere sie an etwas **Positives**, das euch verbindet. Im besten Fall baust du auf einer **Zeitbrücke** auf.

Profitipps

- Hinterlasse keine Nachrichten
- Ruf nicht zu oft an
- Frag sie nicht, ob du sie gerade störst
- Frag sie nicht, was sie gerade tut
- Fasse dich kurz – deine Zeit ist kostbar!

Wenn du dir unsicher bist, ob sie gerade Zeit für das Telefonat hat, dann mach dir Folgendes klar: In dem Moment, wo ein erwachsener Mensch einen Anruf annimmt, will er gestört werden! Du brauchst also überhaupt keine Bedenken zu äußern, was dich höchstens unsicher wirken lassen würde!

Phase 6: Treffen

Phase sechs ist der nächste große Schritt. Du solltest sie nun in einer Komfort-Lokalität isolieren und den Körperkontakt herstellen. Hier besprichst du emotionale und persönliche Themen mit ihr. Bekommst du sowohl Flirt-Signale als auch Körperkontakt, der von ihr initiiert wird, dann stehen alle Zeichen auf:

GO!

Je nachdem, wie es für dich angenehm ist, dann kannst du mit der Eskalation beginnen, **sobald es sich richtig „anfühlt" oder** aber erst, **wenn du genug Signale erkannt hast**, um dir sicher zu sein, dass sie bereit ist. Vor der Eskalation steigt der Energielevel der Konversation merklich, was ein weiteres Indiz für dich ist, dass du gleich eskalieren sollst. Wenn du bemerkst, dass sie noch nicht so weit ist, dann lass ihr noch etwas Zeit und versuche es später erneut.

Sehr witzig ist auch immer wieder ihr Gesichtsausdruck, wenn du derjenige bist, der sagt:

> „Du weißt aber schon, dass ich beim ersten Treffen nicht küsse?"

Um mehr über diese Techniken zu erfahren, lies das Buch „Das System der Verführung".

Verhalten beim Date

Der größte Fehler, den du bei einem Date machen kannst, ist der, nicht sofort dort weiterzumachen, wo du aufgehört hast!

Es ist **unerlässlich für deine Kongruenz**, sie mit einer Umarmung zu empfangen, wenn ihr schon persönliche Themen besprochen habt! Habt ihr über Sex gesprochen, dann nimm sie gleich an der Hüfte und gehe mit ihr los.

Mach dort weiter,

wo du aufgehört hast!

Tust du es nicht, beginnst du quasi bei Null und es kann dir ebenso passieren, dass, obwohl die Stimmung beim Schreiben und am Telefon eine positive war, es jetzt einschläft, weil die Frau von dir erwartet, dass du so bist, wie sie dich „kennt“ – du aber nur herumredest und nichts *tust*!

Frage dich einfach, wieso sie sich mit dir treffen will. Sie kommt nicht, weil ihr langweilig ist. **Sie kommt deinetwegen!** Und zwar weil du in den E-Mails und am Telefon der Mensch warst, den sie so sehr braucht. Nimm ihr dieses Geschenk nicht wieder weg, nur weil du vielleicht Angst hast, sie würde sich überrumpelt fühlen – sie will es doch, deswegen ist sie ja hier!

Nachdem Gott die Welt erschaffen
hatte, schuf er Mann und Frau.
Um das Ganze vor dem Untergang
zu bewahren,
erfand er den Humor.

Guillermo Mordillo

Deine Wohnung

Die Wohnung ist einer der wichtigsten Bestandteile der Verführung. Sie spiegelt direkt deinen Lebensstil wider. Hier wirst du viele Frauen verführen, also achte darauf, vorbereitet zu sein.

Eine Checkliste der wichtigsten Dinge, die sich in deiner Wohnung befinden sollten:

- Kondome
- Aufgeräumt, der Blick muss schweifen können
- gedämpftes Licht, warme Farbtöne
- Temperatur sollte zwischen 22 und 23° liegen, zumindest im Schlafzimmer
- Großes Bett
- Extra Polster
- Aschenbecher und Anti-Tabak Raumduft
- CD Player vorbereitet (Musik suchen vermiest die Stimmung)
- Indirekte Lampe (solltest du etwas suchen, verwende kein grelles Licht)

Bei Bedarf:

- Duftlampe
- Massageöl
- Kerzen (große, geruchlose)
- Küchentücher (für alles, was ihr so anstellt)

Wie Frauen testen

Es ist auch für Frauen unerlässlich, den sozialen Wert eines Mannes herauszufiltern. Es ist die **weibliche Art, dich zum Qualifizieren zu bringen**. Meist stellt sie dir einfache Fragen, oft ändert sie aber auch mitten im Gespräch ihre Einstellung zu einem bestimmten Thema, um zu überprüfen, ob du weiterhin zu deiner Meinung stehst und ihr nicht blind zustimmst (das sprichwörtliche „Fähnchen, das sich nach dem Wind dreht“). Ihre Tests haben eine Sache gemeinsam: Die Art, wie du damit umgehst. Du bleibst deiner Einstellung treu und stehst zu deiner Meinung. Am besten ist es, sie mit einer **schlagfertigen Antwort zum Lachen zu bringen und dann das Thema zu wechseln**. Sie soll aber nie genau wissen, ob du es nun tatsächlich ernst meinst – lass sie ruhig etwas im Dunkeln tappen. Sollte sie tatsächlich nachfragen, ob du die Antwort wirklich ernst meinst, dann antworte ganz locker: „Absolut ernst.“ Genauso wichtig sind natürlich die Abläufe deiner Nachrichten.

Du hast es nicht nötig,

dich zu rechtfertigen.

Kapitel 3
Schlusswort

Neueste Untersuchungen widersprechen dem Vorurteil, Internet-Beziehungen seien kurzlebig und oberflächlich. Wie die Sozialpsychologin Katelyn McKenna herausfand, ist das Gegenteil der Fall: Die Dozentin der New York University befragte 567 Paare und stellte fest, das 71 Prozent aller online geschlossenen, aber nur 54 Prozent aller offline geschlossenen Beziehungen länger als zwei Jahre überlebten. Eine Studie am Soziologischen Institut der Universität Zürich hat ergeben, dass jeder vierte Online-Flirter eine Liebesbeziehung eingeht. Dies ergab eine Umfrage bei über 4.000 Mitgliedern einer Schweizer Flirt-Website.

Die Hälfte der hierbei entstandenen Beziehungen erwies sich sogar als langfristig. Damit unterstreicht die Studie den Trend hin zur Partnersuche im Internet. Das Netz erhöht nicht nur die Chancen, eine Partnerin zu finden, es macht es sogar wahrscheinlicher, genau die Richtige zu erwischen. Wenn du dich also an die Techniken in diesem Buch hältst, wird es dir ein Leichtes sein, schon sehr bald die Frau in Armen zu halten, die dein Leben komplettiert.

Jetzt, wo du das Buch zu Ende gelesen hast – was denkst du? Was hat dir besonders viel gegeben? Was konntest du sofort umsetzen, **welche Ziele hast du dir für die Zukunft gesetzt?** Auf diesem, deinem Weg soll dich „Das System der Verführung- online“ begleiten, als Nachschlagewerk, vielleicht sogar als Erinnerung an den entscheidenden Moment, als du beschlossen hast, etwas zu ändern. Und wer weiß, womöglich stehen wir uns eines Tages in einem Coaching gegenüber und du hast die Möglichkeit, mir zu berichten, wie viele Erfolge du seitdem zu verzeichnen hattest.

Besonders am Herzen liegt mir, dass du jetzt auf gar keinen Fall das Buch in die Ecke legst und dir denkst: „Interessant, aber das schaffe ich nicht." Wenn du das wirklich von dir denkst, dann lies das Buch noch einmal! Ich habe unzählige Männer kennen gelernt, die innerhalb weniger Wochen Dinge realisiert haben, von denen sie vorher nicht einmal geträumt hätten – andere wiederum brauchen über ein Jahr. **Alles beginnt mit einer Entscheidung.** Triff sie jetzt und lass nicht locker, bis du dir deine sehnlichsten Wünsche erfüllt hast!

Ich möchte betonen, dass ich meinen Weg ebenso nicht als Flirt-Profi begonnen habe. Genauso wie du habe ich Schritt für Schritt lernen müssen, was es bedeutet, *richtig* zu kommunizieren, *richtig* zu flirten. Aber auch wenn es viele Rückschläge gab – ich habe niemals aufgegeben! Und ich bin noch lange nicht am Ende meiner Reise angekommen. Diese Reise fand ihren Ursprung in der ehemals „geheimen" Gemeinschaft der Pick-Up-Artists, einer Trendbewegung, die ihren Ursprung in Amerika hat und zu Beginn stark von NLP und Psychotherapie beeinflusst wurde.

Mit der Zeit wuchs die Community und die spielerischen Aspekte des Flirts traten in den Vordergrund. Mit dem 6system habe ich seit jeher versucht, viele der Methoden und Aspekte dieser facettenreichen Lehren in einem eklektischen System, angereichert mit meiner langjährigen Coaching-Erfahrung, zusammenzufassen, mit dem sich jeder Mensch identifizieren kann.

Aber gerade ich weiß, dass selbst das beste System noch weiter verbessert werden kann. Deshalb bin ich jederzeit offen für deine persönlichen Anregungen, Erfolgserlebnisse oder Fragen.

Du erreichst mich über info@6system.info oder die Community zu Flirt und Verführung:

www.austrianseduction.com

Literaturempfehlungen

**Schwarz, Ben (2008): Books on Demand GmbH
„Das System der Verführung"**

Arden, Paul (2005): Phaidon Verlag
„Es kommt nicht darauf an, wer du bist, sondern wer du sein willst"

O'Connor, Joseph (2005): VAK Verlags GmbH
„Neurolinguistisches Programmieren. Gelungene Kommunikation und persönliche Entfaltung"

Jeffers, Susan (1997): Rider & Co
„Feel the fear and do it anyway"

Fast, Julis (1988): Pocket Books
„Body language"

Enkelmann, Nikolas B. (2006): Linde Verlag
„Mehr als überzeugen"

Ian Kerner (2005): Wilhelm Goldmann Verlag
„She comes first"

Joachim Bauer (2005): Hoffmann und Campe
„Warum ich fühle, was du fühlst"

www.singleboersen-vergleich.de (August 2008)
Sehr detaillierter Vergleich über alle Single-Portale

Mehr Literatur- und Mediatipps findest du im Web unter:

www.6system.info/empfehlungen.html

Weblinks

www.6system.info

- Coaching
- DVDs
- Literatur
- Gratis Material

Gegen Vorweisen der Rechnung für dieses Buch erhältst du auf alle **Coaching Angebote von 6system.info 5% Rabatt!**

Benutze dazu bei der Bestellung einfach folgenden Gutscheincode: „systemderverfuehrung-online" und bring eine Kopie deiner Rechnung zum Termin mit!

www.austrianseduction.com

- Die deutschsprachige Community
- Austausch zu Themen rund um Verführung
- Kostenlose Beratung

www.zhi.co.at

- Trainer & Consulting Netzwerk

Danksagungen

Mein Dank gilt meiner Familie, meinen Freunden und der Pick-Up Community in Österreich, Deutschland und den Vereinigten Staaten. Insbesondere bedanken möchte ich mich an dieser Stelle bei Lisa, Carlos, Harry, Neil, Christoph und Michaela, die mir alle stets mit hilfreichem Rat zur Seite standen.

Insbesondere bedanken möchte ich mich bei

Lodovico Satana

für das schöne Vorwort

und die erfolgreiche Zusammenarbeit.

Gewidmet ist dieses Buch allen wunderschönen, intelligenten und charismatischen Frauen, denen ich auf meinem Weg begegnen durfte.

Über den Autor

Ben Schwarz und sein Team von 6system.info begleiten seit über 5 Jahren Männer auf dem Weg zum Erfolg. Damit zählen sie zu den erfahrensten Flirt-Coaches im deutschsprachigen Raum. Sie kommen aus den Bereichen des NLP, der praktischen Hypnose oder der rasch wachsenden Gemeinde der Pick-Up-Artists aus Amerika. Die Motivation hinter 6system steht unter dem Motto:

Wenn du kommunizierst, dann richtig!

Denn es ist die Kommunikation,

die uns zum Menschen macht.